A MESSIEURS

LES

CONSEILLERS GÉNÉRAUX

Cayenne, 20 septembre 1882.

Messieurs les Conseillers généraux

Le premier budget du Collège laïque de Cayenne s'élevant au chiffre considérable de 82,215 fr. 56 a été voté à *l'unanimité et par acclamation.* Vous l'avez porté à 86,215 francs pour l'exercice 1882. Aujourd'hui, quelques semaines seulement avant l'ouverture de notre nouvelle session, des bruits sinistres courent en ville ; on imprime que « le Collège est tombé dans un discrédit momentané » ; on en énumère les causes apparentes, et comme remède on propose à l'administration supérieure de nouvelles amputations dans le personnel de cet établissement.

Dès lors il m'a paru que j'avais le devoir de prendre la parole à mon tour, puisque la confiance de deux ministres m'a appelé à la direction du Collège ; et comme le caractère même de ces fonctions ne me permet pas de publier mes impressions dans un journal, comme j'ai inutilement demandé l'impression au *Moniteur de la Colonie* de plusieurs de mes rapports officiels, j'ai dû réunir le tout en une brochure qui n'est point dans le commerce, qui vous est presque exclusivement réservée et dont vous apprécierez l'impartiale sincérité.

Celle-ci m'est facile ; car elle est l'habitude de toute ma vie. D'aucuns disent : une mauvaise habitude. Je ne m'en départirai pas encore cette fois. Si maladie il y a, c'est une maladie universitaire. « L'Université est une » grande école d'indépendance, peuplée d'esprits libres, » éloignés de tout fanatisme, affranchis de tout esprit » sectaire. » Le ministre qui lui rendait naguère ce témoignage n'aura pas été peu surpris en apprenant que j'avais été félicité par M. le Directeur de l'intérieur pour l'impartialité de mes notes individuelles. Au-dessus de l'intérêt, nous savons placer la satisfaction du devoir accompli. Mais je n'ai ici aucun intérêt personnel en jeu. Détaché auprès du Ministère de la Marine, je ne demande pas mieux que d'y continuer mes services partout où ils seront jugés utiles ; mais ma place reste marquée dans le cadre métropolitain et la simplicité de mes goûts me permet d'être heureux dans des postes moins rétribués. C'est peut-être mon testament de directeur que j'écris ; car j'ai demandé mon rappel en de tels termes que, si ma requête est agréée, il me sera peut-être impossible de sur-seoir au départ.

Si l'esprit politique est très rare dans la Colonie qui se meurt de luttes fratricides, l'individualisme y pousse vigoureusement. J'ai donc l'espoir, en appelant sur mes idées l'attention de chacun de vous isolément, dans le silence du cabinet, de leur rallier une majorité pour le plus grand bien du Collège et de la Guyane.

I

On a donné comme cause du prétendu discrédit du Collège « une dissension malheureuse qui n'a cessé d'exister pendant toute l'année entre la plupart des professeurs et le directeur ». Evidemment, ce n'est pas là un élément de prospérité ; mais, je suis persuadé qu'on s'exagère l'influence de cette guerre intestine. J'en dirai autant de cet autre fait, que « certains professeurs n'ont » pas été, par leur conduite, à la hauteur de la noble mis-» sion qu'on leur avait confiée ». J'en pourrais parler librement, ma conduite étant absolument irréprochable. J'estime qu'il vaut mieux enterrer le passé, sur lequel chacun a son opinion faite.

De minimis non curat pretor.

Ne nous arrêtons pas aux bagatelles ; allons au fond des choses, sans parti pris. La statistique, froide et sévère par nature, nous y aidera.

Situation numérique des élèves du Collège de Cayenne, depuis l'ouverture des cours (mai 1881) jusqu'à ce jour.

	1ᵉʳ juin 1881	26 sep. 1881	1ᵉʳ jan. 1882	1ᵉʳ juin 1882	(1) 1ᵉʳ août 1882	(2) 21 août 1882
Classe primaire......	0	0	10	13	10	10
Neuvième............	21	21	17	15	14	14
Huitième............	26	28	25	23	17	17
Septième et sixième.	12	11	6	6	3	3
Cinquième..........	0	0	3	3	3	3

Enseignement spécial

	1ᵉʳ juin 1881	26 sep. 1881	1ᵉʳ jan. 1882	1ᵉʳ juin 1882	1ᵉʳ août 1882	21 août 1882
1ʳᵉ année............	9	11	15	15	10	9
2ᵉ année............	8	12	11	11	8	6
3ᵉ année..........	13	13	6	6	4	4
Total.....	89	99	93	92	69	67

Vous avez sans doute lu dans le *Réveil de la Guyane* (n° 31) : « En peu de temps, 110 élèves environ étaient » venus se grouper dans le Collège. L'année scolaire se » termine avec 40 élèves seulement. Les deux tiers ont » déserté notre Collège en moins d'une année. 70 enfants » ont cessé de suivre les cours. » Le numéro suivant contenait une rectification autorisée par M. le Directeur de l'intérieur : « Le Collège, disais-je, a dû clore son » exercice avec plus de 40 élèves, puisqu'il y en a 54 » inscrits au Palmarès. » La rédaction du journal la faisait suivre de cette remarque laconique : « *Nous* » *admettons* 58 élèves inscrits au tableau (?), 54 portés » au Palmarès et 40 environ suivant réellement les » cours. »

Nous admettons. Grand merci. Qu'on se le dise. Je n'avais pas le *droit légal* de riposte, n'étant pas nommé cette fois. Je passai la parole à celui que le *Réveil* appelle « recteur d'Académie à la Guyane ». Il se tut. Il aurait suffi cependant, sans entamer une polémique, sans se compromettre, de publier au *Journal officiel* le rapport

(1) Distribution des prix.
(2) Distribution des prix.

do fin d'année dont j'avais demandé l'insertion. L'occasion était belle de justifier un titre qui oblige. Car l'entrefilet du *Réveil* est une insulte, inconsciente, j'aime à le croire, faite aux professeurs du Collège. Nous ne sommes pas des *marchands de soupe ;* nous ne donnons pas des prix sans que les élèves les aient mérités. Le *Réveil* était bien placé pour savoir que même j'ai supprimé des prix dans une classe, parce que je ne les croyais pas mérités. Ah ! le bel encouragement que voilà, pour des hommes chargés de la tâche difficile de fonder à Cayenne un collège sérieux. A quoi devons-nous nous attendre, quand nous voyons s'exprimer si légèrement un journal réputé l'organe de la couche intelligente et aurifère de la société cayennaise ?

Revenons à la statistique. Le tableau précédent a besoin d'un commentaire, car il ne met pas en évidence le va-et-vient des élèves, fait important et instructif. En réalité, pendant ces seize mois, 123 élèves ont passé à travers le Collège. L'expression n'est pas très correcte, mais elle rend exactement mon idée. Les 56 élèves disparus se répartissent (autant qu'il m'a été possible de l'établir par mes renseignements particuliers) comme il suit :

1 nommé aspirant répétiteur au Collège, après obtention du brevet de capacité ;

2 entrés dans l'administration ;

10 partis pour France ;

3 partis comme boursiers (non compris Dupuy et Jean Louis partis le 3 septembre) ;

14 entrés dans les affaires ou en apprentissage ;

1 retiré pour cause de santé ;

1 retiré pour sa première communion ;

22 retirés sans cause connue.

Parmi les élèves disparus du Collège, mais non de la Colonie, je compte plus de dix boursiers. Quelques-uns, j'en conviens, soit défaut d'intelligence, soit paresse, ne profitaient guère des cours. Mais la plupart les suivaient avec fruit, même avec succès, et nous donnaient des espérances. Il n'y a que deux explications possibles de leur départ : ou bien la situation financière de leurs familles ne leur a pas permis de laisser leurs enfants improductifs pendant quelques mois de plus ; ou bien elles n'appréciaient pas à sa valeur l'instruction qu'ils auraient pu acquérir encore. L'une et l'autre sont fondées, malheureusement.

II

C'est une singulière façon de juger de la prospérité d'un collège que de comparer le nombre de ses élèves à celui des écoles municipales ; et cette façon est commune à Cayenne. Les établissements ne sont pas comparables, n'étant pas de même ordre. Si l'on tient au critérium du nombre, critérium sans valeur pour les gens du métier, il faut procéder autrement.

Je consulte la dernière *Statistique officielle de l'enseignement secondaire* (Imprimerie Nationale, 1878) et j'y trouve que, pour les villes de France ayant la population de Cayenne, le nombre des élèves du Collège est 70 en moyenne. Nous clôturons l'exercice 1882 avec 67 élèves. Notez que c'est faire à mes contradicteurs la part très belle que de comparer Cayenne avec les villes de même population dans la métropole. Combien de non-valeurs ici au point de vue de l'enseignement secondaire ! Vous le savez aussi bien que moi.

C'est à la qualité, non à la quantité qu'il faut regarder, pour les élèves d'un collège. Or, la qualité, je l'ai toujours dit et je le répète, est *relativement* bonne à Cayenne. La proportion des élèves cités au Palmarès est supérieure à 80 0/0. « Pour qui connaît les habitudes et les règlements
» universitaires, il y a dans ce fait la preuve de la satis-
» faction que me donnent les progrès des élèves. Il y a
» bien encore au Collège quelques non-valeurs absolues.
» Mais quel est l'établissement d'instruction qui n'en
» compte pas ? — La discipline dans les classes a été
» satisfaisante. Pendant les récréations, maintes fois des
» élèves ont réussi à tromper la surveillance, grâce aux
» facilités que leur fournissait la construction de l'aile
» ouest. Ces facilités ayant à peu près totalement disparu,
» le règlement intérieur pourra être sévèrement appliqué
» dès la rentrée. La courte expérience qui a pu en être
» faite dans les dernières semaines, m'autorise à croire
» qu'il aura de très heureux effets.

» Il importe toutefois que les familles se persuadent
» que le succès des règlements est surtout en leurs
» mains. Pour qu'un collège porte de bons fruits, il faut
» d'abord que s'établissent dans le pays des mœurs uni-
» versitaires, dont la base est la *vie de famille*. Ce ne

» sera pas l'œuvre d'un jour à Cayenne où les enfants
« vivent beaucoup trop en plein air. Toutefois j'ai bon
» espoir, parce que je crois à la contagion du bien. Or,
» je pourrais citer, si je ne craignais de blesser leur
» modestie, des parents appartenant à toutes les classes
» de la société, qui surveillent leurs enfants et me prêtent
» un concours actif. Ils en seront récompensés, plusieurs
» le sont déjà, par les progrès de nos jeunes élèves. »
(Rapport de fin d'année, n° 646, 30 août 1882.)

Ces progrès se sont accentués à mesure que le nombre
des élèves diminuait, parce que les traînards avaient
presque tous disparu. Les classes étaient devenues homogènes.

Une autre circonstance différencie le collège des écoles municipales. Celles-ci sont gratuites ; chez nous,
il faut payer. Si modique que soit la dépense, elle
arrête, soyez-en sûrs, bien des familles ; même des familles qui pourraient la faire, mais qui n'apprécient pas
la différence des deux modes d'instruction. Aussi je ver-
rais avec le plus vif plaisir étendre la gratuité au collège.
Vous auriez l'honneur d'être les premiers Français réali-
sant ce grand progrès. Et vraiment, il ne vous en coûte-
rait pas beaucoup, 5,000 francs. Vous ne pouvez pas
compter sur une recette plus forte. Oh ! alors, votre Collège aura beaucoup d'élèves ; il en aura même trop. Mais
comme l'espace, le matériel, le personnel sont limités,
vous n'admettrez les élèves qu'après examen, comme s'il
s'agissait de bourses à donner. Cela se pratique déjà en
France. Et si le nombre des admissibles venait à dépasser
le nombre des places disponibles, les derniers de la liste
attendraient des vacances, et pour les produire, vous
décideriez que tout élève paresseux serait renvoyé impi-
toyablement. Alors, tout en étant plus nombreuses, les
classes resteraient homogènes ; les élèves maintenus
constamment en émulation feraient de rapides progrès.
Le Collège de Cayenne serait bientôt un établissement
modèle.

III

Fort bien, me direz-vous, Messieurs ; mais trouvez-
nous l'argent. Ah ! voilà le quart d'heure de Rabelais. Il y
a longtemps que cette question d'argent me préoccupe.
La preuve en est dans l'extrait suivant d'un long mémoire

(le troisième relatif au Collège) adressé à M. le Directeur de l'intérieur, le 21 novembre 1881, n° 193. Après avoir examiné la possibilité d'obtenir pour le Collège une subvention de l'Etat, j'abordais celle d'un appel à la Caisse des lycées et collèges.

« La loi du 3 juillet 1880 qui a institué cette caisse dit:

» ARTICLE PREMIER : Une somme de 12 millions, paya-
» ble en six annuités, à partir de 1880, est mise à la
» disposition du Ministre de l'Instruction publique pour
» être employée à l'amélioration et à la construction des
» collèges et à l'acquisition du mobilier scolaire de ces
» établissements.

» La Guyane n'a-t-elle pas le droit de solliciter un tout
» petit morceau de ce gros gâteau ? N'est-ce pas le cas de
» réclamer pour elle cette première assimilation aux dé-
» partements français ?

» En outre, article 8 : une autre somme de 15 millions,
» également payable en six annuités, à partir de la même
» époque, est mise, *à titre d'avance remboursable*, à la dis-
» position des départements et des communes dûment
» autorisés à emprunter, pour pourvoir aux dépenses
» d'acquisition, de construction et d'appropriation des
» collèges communaux.

» Il est vrai que le Collège de Cayenne n'est pas commu-
» nal. Il est vrai que la Guyane n'est pas un département.
» Mais ce sont là des difficultés de mots seulement. Il
» n'est pas admissible que les Chambres aient voulu pri-
» ver de cette faveur, de ce prêt, fait à des conditions ex-
» traordinairement bénignes, comme vous le prouvera
» l'article 13, toutes les colonies et surtout celles qui,
» comme la Guyane, se montrent avides d'instruction. Et
» si le Ministre de l'Instruction publique, accablé de de-
» mandes par les communes éclairées, se renfermait dans
» la lettre de la loi, je suis convaincu qu'il suffirait de
» faire soulever la question dans les journaux de la mé-
» tropole ou de la faire porter à la tribune de l'une des
» Chambres par l'un des hommes éminents dont la
» Guyane a les sympathies, pour qu'elle fût résolue dans
» un sens favorable aux intérêts de la Colonie.

» ART. 13 : Les avances sont faites pour trente ans, au
» plus. Elles seront remboursées à la Caisse des lycées,
» collèges et écoles, au moyen du versement semestriel
» d'une somme de 2 francs par chaque 100 francs emprun-
» tés. Ce versement, continué pendant 60 semestres, li-

» bèrera la commune ou le département en intérêts et
» amortissements.

» Ainsi, en résumé, par le payement annuel d'une fai-
» ble somme de 1,000 francs, un fétu pour son budget, la
» Colonie disposerait immédiatement d'une somme de
» 25,000 francs qui lui permettrait, bien mieux, qui l'oblige-
» rait (aux termes de la loi) à faire en deux ans toutes les
» constructions nécessaires pour le Collège. On aurait
» ainsi, presque sans bourse délier, en conservant toutes
» les réserves pour l'immigration si désirée, un établis-
» sement digne de la Guyane et auquel, je le redis avec
» plaisir, les élèves intelligents ne manqueraient pas. La
» pépinière promet. Il me parait impossible que ces con-
» sidérations ne frappent pas l'esprit des hommes d'af-
» faires, des négociants, nombreux au Conseil général,
» qui connaissent la valeur de l'argent, l'avantage de dis-
» poser d'un seul coup de toutes les forces pécuniaires
» dont une entreprise a besoin et le taux ordinaire de
» l'intérêt. »

Mon projet ne fut pas admis à l'honneur d'une discussion. Mais quelques mois plus tard, la même pensée venait à l'esprit de M. Gerville-Réache, l'honorable député
de la Guadeloupe, qui, l'étendant aux millions ultérieure-
ment votés pour la même Caisse, en faisait l'objet d'un
projet de loi, que la Chambre votera, soyez-en sûrs. Il
vous appartient, en formulant un vœu, d'en faire profi-
ter la Guyane. Il serait même avantageux de le formuler
d'une façon très générale. « Désormais le Collège de
Cayenne jouira des mêmes droits et privilèges que les
collèges de la métropole. »

Il ne s'agit donc que d'un sacrifice de 5,000 francs pour
un seul exercice. Vous aurez assurément une subvention
à partir de 1883 (1), ou la possibilité d'un emprunt à la
Caisse des lycées et collèges. Si les fonds vous manquent
absolument, renvoyez encore d'une année, malgré leur
utilité, la construction d'un hangar pour la gymnastique et
de cabinets moins primitifs et plus hygiéniques. Et si cela
même est impossible, votez du moins le principe de la
gratuité, applicable seulement pour la rentrée des classes
en 1883 ; ce qui réduit le sacrifice à 1,500 francs.

---

(1) Lorsqu'une commune a voté, pour une période de cinq ans au
moins, un subside pour l'organisation et l'entretien d'un collège,
il peut lui être accordé, par décision ministérielle. une subvention sur les fonds de l'État. (Décret du 28 mars 1860, art. 13.)

IV

Quelle que soit votre décision à cet égard, une transformation du Collège est nécessaire. Elle est exposée dans le rapport suivant :

N° 654   *Cayenne, 3 septembre 1882.*

MONSIEUR LE DIRECTEUR,

Un homme qui connaît le pays, M. Quintrie, directeur de l'intérieur, exposant devant le Conseil général les motifs du budget de l'exercice 1880, rappelait « les efforts » tentés par l'administration locale pour faire du Collège » un établissement de plein exercice où les élèves auraient » pu arriver successivement à l'entier accomplissement de » leurs études. Mais, ajoutait-il, nous avons eu le regret » de voir les effectifs de nos classes supérieures extrême» ment limités par des causes générales contre lesquelles » il a été impossible de réagir : D'abord le désir des fa» milles d'envoyer de bonne heure leurs enfants continuer » leurs études dans la métropole ; puis, pour un certain » nombre, une préférence marquée pour l'affectation an» ticipée des jeunes gens aux carrières ouvertes par l'in» dustrie locale et par les services publics ».

Ces *faits* sont encore aujourd'hui absolument exacts.

Nous avions, en août 1881, *onze* élèves dans l'enseignement classique. « *Onze* élèves, disais-je dans mon rapport » imprimé au Palmarès, ce n'est guère. Leur nombre ne » paraît pas devoir s'accroître beaucoup. Aussi, n'est-ce » pas de ce côté qu'il faut chercher un brillant avenir » pour le Collège. » Non seulement le nombre ne s'est pas accru, mais il est descendu à *six*. Les cinq élèves disparus se répartissent ainsi : quatre partis pour la France, dont deux boursiers ; le cinquième entré, après examen, dans l'administration pénitentiaire.

Dès lors il me paraît non seulement inutile, mais impossible, de grever le budget de la Colonie des dépenses qu'entraîne l'enseignement classique. J'ai l'honneur de vous en proposer la suppression. Il me reste à vous démontrer qu'elle ne porte aucun préjudice aux familles ni à l'avenir de leurs enfants.

Justement, le *Journal officiel* de la métropole, n° du 2 août, nous apporte le décret qui institue, après avis du Conseil supérieur de l'Instruction publique, *le baccalauréat de l'enseignement spécial*, d'où sont exclues les langues mortes. Suit l'arrêté du Ministre de l'Instruction publique, qui fixe les conditions, la forme et la police des examens. « Les candidats pourvus de ce titre (art. 8) sont » admis à se présenter aux examens de la licence » ès sciences. » L'assimilation avec le baccalauréat ès sciences est donc un fait acquis, pour toutes les carrières ressortissant au Ministère de l'Instruction publique. Là se bornent les pouvoirs de ce département. Mais il n'est pas douteux qu'avant peu de mois elle sera agréée aussi par les autres ministères. Celui de la Guerre, notamment, avait déjà fait un pas considérable dans cette voie en supprimant, au concours de Saint-Cyr, l'épreuve de la version latine.

Le nouveau baccalauréat donne donc accès à toutes les carrières, sauf l'enseignement littéraire, le barreau, la magistrature et la médecine. Encore le mouvement d'opinion attesté par des publications autorisées porte à croire que cette dernière exception disparaîtra bientôt.

Si nos classes élémentaires nous fournissent plus tard des sujets pour ces carrières, il sera facile de rétablir les classes de sixième et de cinquième, seules possibles à Cayenne. Mais pour le moment la suppression de l'enseignement classique sera un service rendu aux élèves qui le suivent; car les uns n'en ont plus besoin pour la carrière à laquelle ils se destinent; les autres ont été imprudemment engagés dans une voie sans issue. D'après leur âge, en admettant même que leur instruction puisse continuer sans obstacle, ils seront bacheliers ès lettres *au plus tôt* à vingt-deux ans. Or, un obstacle malheureusement certain, c'est la position des familles. Le Conseil général n'a plus, en fait de bourses en France, les mêmes pouvoirs qu'autrefois. Il peut toujours les refuser. En les accordant, il ne dispense pas des conditions imposées par le décret du 19 janvier 1881. Or, ces conditions interdisent le concours pour l'enseignement classique, par suite de l'âge, à presque tous les élèves actuels du Collège. *Dura lex, sed lex.* Il est vrai que le Conseil général peut tourner la loi (ce qui est encore une façon de la respecter) en accordant aux familles des indemnités spéciales. Mais qui ne voit combien serait fragile un pareil secours, renouvelable d'année en année et soumis à toutes les variations que la politique peut amener au sein de ce Conseil.

Au contraire, munis du nouveau baccalauréat qu'ils peuvent prendre ici même, les candidats aux bourses sont dispensés de l'examen d'aptitude (art. 11 de l'arrêté du 20 janvier 1881) et le Conseil général a toute liberté pour les aider à poursuivre leurs études, s'il les en juge dignes.

Tel me parait devoir être bientôt l'unique emploi à faire des bourses généreusement fondées par la Colonie. Immobilisées pour un petit nombre d'années seulement, elles permettront de venir au secours d'un plus grand nombre de familles ; elles constitueront pour les élèves un très précieux encouragement, un élément considérable de vie pour le Collège, au lieu de le priver comme aujourd'hui de ses meilleurs élèves.

L'économie résultant de cette transformation permettrait de compléter l'enseignement spécial par la création des cours réglementaires de législation et de comptabilité. « Le dernier est conçu de telle manière que tout élève » qui possède les connaissances pratiques enseignées » pendant les trois premières années est en état de faire » un bon teneur de livres, et si quelque circonstance le » forçait à interrompre ou à cesser ses études, il aurait » le moyen de se rendre utile, à ce titre, dans les affaires » et d'y gagner honorablement sa vie. » (Plan d'études du 6 avril 1866.) Ces créations ont ce précieux avantage que le personnel en serait recruté sur place, par conséquent moins susceptible de variations ou d'intermittences ; encouragement pour les indigènes, acheminement vers l'idéal d'une colonie se suffisant à elle-même. Or, il importe que la Guyane apprenne, en fait d'enseignement, à se passer de la métropole ; car le département, son annuaire en fait foi, manque de sujets pour les postes même les plus enviables de l'Instruction publique.

Confiant dans la valeur des motifs exposés, je n'ai plus, monsieur le Directeur, qu'à solliciter l'insertion de ce rapport à la partie non officielle du *Moniteur de la Colonie*.

Agréez, etc.

V

Il est possible, Messieurs, que je ne sois plus à Cayenne quand viendra la discussion du budget du Collège. Je crois donc utile de vous faire connaître le projet que j'ai déjà envoyé à M. le Directeur de l'intérieur.

Solde

1 Professeur de mathématiques, directeur du Collège...	10.000 fr.
1 Professeur de sciences physiques et naturelles.	6.000
A — 1 Id. id. (2ᵉ chaire)...............	4.400
B — 2 Id. pour l'enseignement littéraire, à 4,600 francs....................................	9.200
1 Professeur d'histoire et géographie...........	5.000
1 Id. de langues vivantes...............	4.400
3 Id. élémentaires, à 4,200 francs........	12.600
1 Maître élémentaire primaire...................	3.200
C — 1 Aspirant répétiteur	1.200
D — 1 Id. préparateur de physique.............	1.200
E — 1 Professeur de comptabilité...............	1.200
F — 1 Id. de gymnastique.................	2.400
1 Concierge...............................	865
2 Garçons de service, à 750 francs..............	1.500
Supplément au professeur élémentaire chargé des fonctions de surveillant général.........	500
G —Indemnités à quatre professeurs de législation, de dessin, d'écriture et de musique, à 600 francs chacun	2.400
H —Indemnités pour heures supplémentaires, cours d'adultes et travaux imprévus...............	4.000
Indemnités de logement pour sept professeurs, à 1,000 francs chacun........................	7.000
Total.....	77.065 fr.

Matériel de l'Instruction publique

Mobilier...	5.000 fr.
Cabinet d'histoire naturelle....................	600
Bibliothèques des professeurs et abonnements	300
Distribution des prix............................	1.000
Entretien du cabinet de physique et chimie...	800
Bibliothèques de quartier et fournitures classiques	500
Total général.....	85.265 fr.

Voici maintenant quelques éclaircissements et justifications :

A — Simple changement de dénomination. — Il n'est rien innové.

B — Le titre de professeur de l'enseignement classique est naturellement supprimé, puisque l'enseignement l'est. Un licencié, à 6,000 francs de traitement, n'a plus de raison d'être. Economie de 1,400 francs.

C — M. Tampi est déjà nommé, en remplacement de M. Caretto, maître d'études. Economie de 2,000 francs.

D — Emploi nouveau. J'avais demandé déjà sa création l'année dernière et il a figuré au budget sous ce titre assez singulier « Professeur... mémoire ». Elle est urgente. L'enseignement des sciences physiques et naturelles au Collège a été jusqu'ici très défectueux. Le cabinet de physique est très incomplet. Celui d'histoire naturelle n'existe pas encore. Cet état de choses sera notablement amélioré à l'heure où vous lirez ces lignes; car j'attends par la prochaine gabare les appareils commandés en janvier par l'intermédiaire du département, grâce aux crédits que vous avez votés en décembre 1881. Le local est fort étroit et fort peu propice à des expériences ; la salle des cours est en même temps la salle du cabinet. Les appareils sont enfermés pêle-mêle dans deux armoires. Il n'en peut pas être autrement d'ici au complet aménagement de l'aile ouest. Avec du zèle, le professeur chargé de cet enseignement aurait pu tirer un meilleur parti expérimental de ce cabinet, dont assurément il ne connait même pas toutes les pièces. C'est moi qui, bénévolement et pour ménager les finances de la Colonie, ai dressé le catalogue pendant les vacances. La machine pneumatique a été mise hors de service par le professeur, avant même d'avoir servi, et n'a point encore été réparée. J'ai retrouvé de vieux appareils, dans un état déplorable, qui prouvent qu'il existait antérieurement à mon arrivée un cabinet de physique. Malgré tous mes efforts, il m'a été impossible d'en trouver ni catalogue ni livre-journal. Le zèle, Messieurs, ne se commande pas. Le professeur n'a donc violé aucun règlement écrit. Mais le pénible travail que je me suis imposé pendant les vacances sera vain, si l'ordre mis dans le cabinet n'y est pas maintenu par un fonctionnaire spécialement adjoint dans ce but au professeur. On se mire dans les cabinets de physique de la métropole. Sans exiger ici un parquet ciré, on peut demander que les appareils soient maintenus à peu près propres. Avec le climat de la

Guyane, c'est toute une affaire. Il faut absolument un préparateur, sinon, avant deux ans, tous les appareils seront hors de service. Or, d'après les nouveaux programmes, l'enseignement des sciences physiques et naturelles est capitale ; il doit être donné dans toutes les classes. Il acquiert à la Guyane une importance plus grande encore et doit être mis en première ligne.

Ce fonctionnaire fera aussi la surveillance des études, chaque semaine, pendant un certain nombre d'heures qui dépendra des exigences de son service de préparateur.

E — Ici encore l'urgence est manifeste. Cette création répond à une tendance des familles depuis longtemps constatée par l'administration locale. (Exposé des motifs pour l'exercice 1880.) Cet enseignement est prescrit par les programmes universitaires. Pour justifier le traitement relativement élevé, il me suffira de vous faire remarquer que le professeur devra se conformer aux programmes. Il aura à s'assimiler le cours complet, en trois volumes, que j'ai fait venir de France et qu'il trouvera à la bibliothèque des professeurs. C'est donc un travail sérieux qu'on lui demande. Il convient de le rétribuer convenablement.

F — Jusqu'ici le professeur de gymnastique a donné trois heures de leçon seulement par semaine ; deux autres heures étaient consacrées à l'escrime. Celle-ci, Messieurs, ne fait point partie des programmes d'enseignement. Elle est partout considérée comme art d'agrément, payée par les familles. Elle entraîne des frais pour l'entretien du matériel. Je vous prie, Messieurs, de supprimer cet enseignement et de le déclarer nettement. Mon insistance vous surprendra peut-être. Permettez-moi de n'en pas dire plus long ici. Mais je serai très heureux que vous m'interrogiez plus amplement en séance de la Commission du budget. En remplaçant ces leçons d'escrime par des leçons de gymnastique, c'est à peine si les élèves recevront le nombre d'heures de leçons prescrit par les règlements.

Je vous prie aussi, Messieurs, de demander communication du rapport que j'adresserai à M. le Directeur de l'intérieur, à ce sujet, avant l'ouverture de la session (1).

____

(1) La même prière s'applique à tous les rapports que je puis citer ou dont je donne des extraits. Mais les explications relatives au budget ne sont pas absolument conformes à celles que j'ai adressées à l'administration. J'en donnerai les motifs à la Commission du budget.

G — La seule innovation est la création d'un cours de législation et d'économie politique, conformément au plan d'études officiel. Comme le cours de comptabilité, celui-ci exigera de la part du professeur une préparation sérieuse ; mais comme il n'a lieu qu'à partir de la troisième année, je ne propose qu'une indemnité de 600 francs.

H — Rien n'est changé au crédit de l'exercice 1882. Vous savez que sous ce titre sont comprises les indemnités pour heures supplémentaires, pour les cours d'adultes et enfin l'imprévu dont il faut toujours faire la part. Loin de diminuer, les heures supplémentaires augmenteront si vous adoptez ma proposition (qui sera l'objet d'un rapport spécial) de mettre les classes du soir de 3 heures à 5 heures, comme au lycée de la Martinique, de renvoyer aussitôt les élèves pour lesquels les familles n'auront pas demandé la participation à l'étude du soir, de 5 heures et demie à 7 heures. Les leçons de gymnastique seraient données tous les jours, de 7 heures à à 8 heures du matin. Cette réforme entrainera de nouvelles dépenses pour le matériel d'éclairage et l'entretien des lampes.

Le seul changement, en ce qui concerne le matériel, consiste en une diminution de 200 francs pour la distribution des prix, ce qui ramène le crédit à son chiffre primitif. Vous serez probablement étonnés que je demande 5,000 francs pour le mobilier. J'entrerai dans les détails devant la Commission du budget. Vous vous assurerez que, même après l'emploi de cette somme, nous serons à peine dans l'état strictement réglementaire. Je me borne à vous dire que M. le Directeur de l'intérieur, invoquant la situation des crédits (il reste cependant à cette heure 2,500 francs disponibles sur les 5,000 francs votés pour l'exercice 1882), m'a refusé *une baignoire* et que pour vaisselle et batterie de cuisine l'inventaire porte... Ne riez pas. Je tiens la preuve à votre disposition : *six assiettes.*

En résumé, la différence avec le budget précédent est de 950 francs en moins. C'est peu de chose. Mais, en conscience, il m'a été impossible de faire mieux. Seulement, je crois qu'à partir de 1884 il sera possible de diminuer notablement le budget du Collège. Veuillez d'ailleurs remarquer que de nombreuses et importantes améliorations sont introduites dans l'enseignement du Collège.

VI

Ce mémoire est déjà beaucoup plus long que je ne le pensais. Il m'est impossible cependant de ne pas solliciter l'appui de votre haute et légitime influence pour le double vœu que voici et que j'adresse par voie hiérarchique à M. le Ministre de la Marine et des Colonies :

« 1° Les attributions dévolues en matière d'instruction publique au Directeur de l'intérieur de la Guyane, en vertu des ordonnances en vigueur, seront désormais exercées, en ce qui concerne l'enseignement secondaire, sous l'autorité directe du Gouverneur, par le Directeur du Collège de Cayenne, chef du service de l'enseignement secondaire.

2° Celui-ci réunira à ses attributions de Directeur celles dévolues à l'Inspecteur d'académie dans la métropole ; mais seulement en ce qui concerne l'enseignement secondaire.

Il sera appelé de droit au Conseil privé avec voix consultative, lorsque les matières de ses attributions y seront traitées.

Le Directeur de l'intérieur continuera à liquider et à ordonnancer les dépenses concernant le service de l'enseignement secondaire au même titre que toutes celles qui sont imputables au budget local. »

Ce vœu, Messieurs, n'est autre chose que l'extension à la Guyane, avec les modifications imposées par la différence d'importance des deux colonies, du décret du 2 mars 1880 relatif à l'île de la Réunion.

A l'appui de ce décret, le Ministre de la Marine et des Colonies disait, dans sa lettre du 2 mars 1880, au Président de la République : « L'existence d'un lycée dans cette
» colonie et le développement donné à l'enseignement ont
» mis la direction de l'intérieur, quelle que soit d'ailleurs
» l'aptitude que l'on est en droit d'exiger de ce chef
» d'administration, dans l'impossibilité d'exercer utile-
» ment les attributions supérieures qu'il tient, en matière
» d'instruction publique, des ordonnances en vigueur.
» S'associant à cette manière de voir, le Conseil d'État a
» adopté le projet de décret précité. Je ne puis donc
» que vous prier de vouloir bien consacrer cette mesure,

» en revêtant de votre signature le décret ci-annexé, dont
» l'application produira, j'en ai la confiance, les plus
» heureux résultats au point de vue de la marche des
» services et du développement constant de l'enseigne-
» dans notre colonie. »

S'il n'était pas inconvenant de raconter ici la lutte
existant depuis plusieurs mois entre le Directeur de
l'intérieur et le Directeur du Collège, j'établirais, pièces
en mains, pour vous, comme je le ferai pour M. le
Ministre, que cette séparation des pouvoirs est particu-
lièrement une nécessité à Cayenne, et qu'elle devrait être
demandée par M. le Directeur de l'intérieur tout le
premier.

Si vous voulez un recrutement facile et distingué pour
le personnel de l'enseignement secondaire à la Guyane, il
faut lui donner un chef distinct de celui de la sûreté
générale. Que voulez-vous ? l'Université n'aime pas les
galons. Blâmez-nous pour ce préjugé; vous ne le dissi-
perez pas aisément. Relisez le discours inséré au
Palmarès de 1881.

Bien plus, cette séparation est déjà vivement demandée
en France par des républicains très sérieux, même pour
l'instruction primaire. Je ne crois pas qu'ils l'obtiennent
de sitôt. Mais, si vous voulez bien me permettre un
conseil, je vous engage, Messieurs, dans l'intérêt de
l'instruction primaire, à demander pour elle au département la création d'un poste d'inspecteur de cet ordre. Il
existe dans toutes les autres colonies. Plus vous relèverez
à leurs propres yeux et aux yeux du public la dignité des
instituteurs, plus vous en faciliterez le recrutement et
vous aurez le droit de vous montrer difficiles.

Partout aujourd'hui, mais plus spécialement à la Guyane,
la surveillance de l'enseignement, pour être utile et effi-
cace, exige plus que des aptitudes; il faut du métier,
c'est-à-dire des connaissances spéciales qu'on n'acquiert
pas dans les autres administrations.

VII

Une autre réforme non moins utile et pour laquelle vous
avez pleins pouvoirs, je crois, consisterait à décider que
désormais le Collège aura son budget spécial et distinct,

dont l'emploi sera fait par le Directeur du Collège, sous la surveillance de votre Commission permanente. L'ordonnancement sera fait par M. le Directeur de l'intérieur, mais ses attributions consisteront seulement à constater que les crédits ne sont point dépassés. L'utilité de la dépense sera suffisamment justifiée par le fait qu'elle aura eu l'approbation de votre Commission. J'espère que cette Commission voudra bien venir souvent au Collège surveiller la gestion du Directeur, et que celui-ci, quel qu'il soit, tiendra toujours à honneur de vous initier à tous ses projets. Il résultera de cette fréquentation mutuelle une grande économie de temps, la suppression d'une foule de rapports et de paperasseries.

Veuillez considérer que le Directeur du Collège de Cayenne, établissement dont les fonctionnaires sont assimilés à des professeurs d'un lycée métropolitain de deuxième catégorie, est véritablement un maître Jacques, à la fois proviseur, à moitié censeur, économe et professeur de mathématiques, sans compter souvent la surveillance des récréations. Il ne serait que juste de lui simplifier la partie administrative de sa tâche complexe.

J'aurais encore bien des réflexions à vous soumettre. Je serai heureux de les communiquer à votre Commission du budget. Je suis convaincu que, grâce à l'institution d'une Commission permanente, l'administration du Collège va faire un pas décisif dans la voie du progrès. Le Directeur lui fera désormais toucher du doigt les besoins de cet établissement. Elle appréciera les difficultés auxquelles il se heurte tous les jours. En un mot, elle se rendra un compte exact de ce que peut être un collège à Cayenne. Sans nuire aux intérêts des familles, il y a de sages économies à réaliser. Elle vous les proposera avec plus d'autorité que moi. Mais, pour l'exercice 1883, *quel que soit le nombre des élèves* (et je ne crois pas qu'il dépasse soixante), ma conviction est qu'il faut voter sans réduction le budget que j'ai l'honneur de vous présenter.

Agréez, Messieurs, l'assurance de mon profond respect et de mon absolu dévouement.

Le Directeur du Collège,

Chaptal.

POST-SCRIPTUM

Voici comment il doit être procédé aux acquisitions pour le Collège. Je remplis une demande imprimée sur papier rouge, à l'adresse du Directeur de l'intérieur, avec rapport à l'appui. Si la dépense est *à titre de consommation*, l'apposition de sa signature au bas suffit. Si elle est *à titre d'augmentation d'inventaire*, il faut l'approbation du Gouverneur, qui est sollicitée par le Directeur de l'intérieur s'il agrée la demande. En fait, ce dernier est donc seul juge de sa légitimité. Longtemps après, le papier rouge me revient et je donne reçu dans un coin réservé *ad hoc*. Quant au chiffre de la dépense, il ne m'en est rien dit.

Seulement, comme je tiens à rester absolument dans les limites des crédits, je prends note de la dépense approximative. Or, il est arrivé plusieurs fois depuis quelques semaines que les demandes que j'ai faites ont été rejetées « vu l'état des crédits ». En dernier lieu, ce fait s'est produit pour le renouvellement de *l'unique baignoire* que possède le Collège, déclarée en réforme par la Commission d'inventaire en février 1881. Voici, d'ailleurs, la réponse textuelle :

N° 982   Cayenne, 15 septembre 1882.

« J'ai l'honneur de faire connaître à M. le Directeur du Collège que la *situation des crédits* ne permet pas, pour cette année, de donner suite à la demande d'une baignoire qu'il m'a adressée.

» Cette demande pourra être renouvelée l'année prochaine. »

Remarquez, en passant, Messieurs,

Comme en termes galants ces choses-là sont dites.

Me voilà naturellement fort inquiet. Vous avez voté 5,000 francs pour le mobilier. Je trouve qu'il y a encore au moins 2,500 francs disponibles. Où sont-ils donc passés? Je rassemble tous les renseignements épars dans ma correspondance officielle, je dresse un état de toutes les dépenses de l'année (matériel et solde duquel il résulte qu'aucun crédit n'est dépassé, qu'il y a même de fortes économies réalisées, et je l'envoie au Directeur de l'intérieur avec prière d'y faire inscrire sept ou huit chiffres sur près de 200, dont je n'étais point sûr.

Voici encore la réponse textuelle :

N° 997   Cayenne, 29 septembre 1882.

« MONSIEUR LE DIRECTEUR,

» Je regrette de ne pouvoir donner satisfaction à la demande contenue dans votre lettre du 27 de ce mois, n° 674. *Vous n'avez pas à tenir une comptabilité des dépenses du Collège....* »

Tout commentaire est superflu, n'est-il pas vrai, Messieurs? Il n'y a plus qu'à *tirer l'échelle.*

Cayenne, 30 septembre.

CHAPTAL.

DERNIÈRE HEURE

Le *Réveil de la Guyane*, n° 36, que je reçois à l'instant, consacre au Collège son premier Cayenne. Les erreurs que j'ai combattues dans le précédent mémoire, s'y épanouissent de nouveau. La persistance de ces articles officieux dissimule mal, à des yeux un peu exercés, le vrai but : lancer sur une fausse piste l'opinion publique et surtout un haut fonctionnaire.

J'ai demandé à M. le Ministre de la Marine et des Colonies mon rappel, précédé d'une enquête sévère faite par des fonctionnaires compétents.

J'ai sollicité l'intervention personnelle de M. l'Inspecteur général, en mission à Cayenne.

La lumière ne peut manquer d'être faite.

Voici mes conclusions. L'avenir dira si je me suis trompé.

Le personnel du Collège, pris dans son ensemble, est supérieur à ce qu'on peut légitimement espérer pour Cayenne. Il fait son devoir professionnel, seule chose que j'aie le droit d'exiger de lui. Je n'ai cure de ses sympathies, bien que j'ai la conscience de les mériter.

Le Collège de Cayenne est un enfant né longtemps avant terme. Il lui aurait fallu une couveuse et une bonne nourrice. Il n'a trouvé ni l'une ni l'autre :

A chacun sa responsabilité. *Ego adsum.*

Cayenne, 1er octobre 1882.

CHAPTAL.

542-25-10. — Paris, imp. C. Murat, 53, Chaussée d'Antin.